추억의 숨은그림찾기

두뇌 트레이닝 게임의 원조는
신문 숨은그림찾기였다!

조남원 지음

슬로래빗

【 오늘의 명언 】

불은 금을 시험하고, 역경은 강한 인간을 시험한다.
- 세네카 -

_____ 년 ____ 월 ____ 일

클로버, 면봉, 바지, 사다리, 운동모자, 프라이팬, 신발, ☐ ☐

▶ 정답 p.74

【 오늘의 사자성어 】

錦衣夜行　비단옷을 입고 밤길을 다니는 것처럼, 아무 보람 없는 일을 한다.
금 의 야 행

_____ 년 ___ 월 ___ 일

독수리, 부츠, 촛불, 보트, 골프채, 펼쳐진 책, 펜촉, 알파벳 D, 강아지, 안경, 트라이앵글, 냄비, ☐ ☐ ☐

▶ 정답 p.74

가로

1) 컴퓨터 용어로 시스템 도입 비용과 처리 능력과의 비율을 말한다. 줄임말로 '가성비'라고도 함.
2) 한국인 최초로 제8대 UN 사무총장이 된 사람.
3) 세계의 모든 사람을 이르는 말.
4) 아버지의 눈을 뜨게 하기 위해 인당수에 빠진 여자가 주인공인 조선 후기 소설.
6) 책을 파는 곳
8) 이름을 숨김. 'OO으로 제보하다.'
9) 음성을 냄. 또는 그 음성.
10) 작은 것을 탐하다가 큰 것을 잃는다는 뜻의 사자성어
11) 아내의 본가.
12) 음식을 끓이는 데 쓰는 도구. 금세 끓었다 식는 일이나 그런 사람을 비유적으로 이르는 말.
16) 개별적인 것이나 특수한 것을 일반적인 것으로 만드는 것. 또는 그렇게 되는 것.
18) 학기 중간에 치르는 시험
19) 아직 말을 못 하는 어린아이가 혼자 입속말처럼 자꾸 소리를 내는 짓.
20) 강의 가장자리에 잇닿아 있는 땅. 서울지하철 2호선에도 이 이름의 역이 있다.
21) 일을 할 때 쓰는 연장을 통틀어 이르는 말.
23) 다른 곳에서 찾아온 사람.

세로

2) 자신의 언행에 잘못이나 부족함이 없는지 돌이켜 보는 것.
3) 심장의 기능을 대체하기 위해 만든 것.
5) 두 사람이 맞서싸워서 승패를 가리는 경기로 유도, 씨름, 권투 등이 있다.
6) 글자로 기록한 문서를 통틀어 말함.

7) 고려 말기에 원나라에서 목화씨를 가지고 들어온 사람.
9) 전기를 일으키는 시설을 갖춘 곳. 수력○○○.
11) 시간적으로나 순서상으로 맨 앞.
13) 비나 햇볕을 막기 위해 대오리나 갈대로 거칠게 엮어서 만든 갓.
14) 콧등의 우뚝한 줄기. 거만한 사람을 일컬어 ○○가 높다고 한다.
15) 같은 현상이 한두 번이 아니라 많이 일어난다는 뜻의 사자성어.
17) 한 가지 일에 모든 힘을 쏟아부음.
20) 마니산이 있는 섬.

22) 구글에서 개발한 인공지능 바둑 프로그램으로, 이세돌 9단과 바둑 경기를 했다.
24) ○○○ 담 넘어가듯 한다.
25) 스승의 부인을 높여 부르는 말.

▶ 정답 p.78

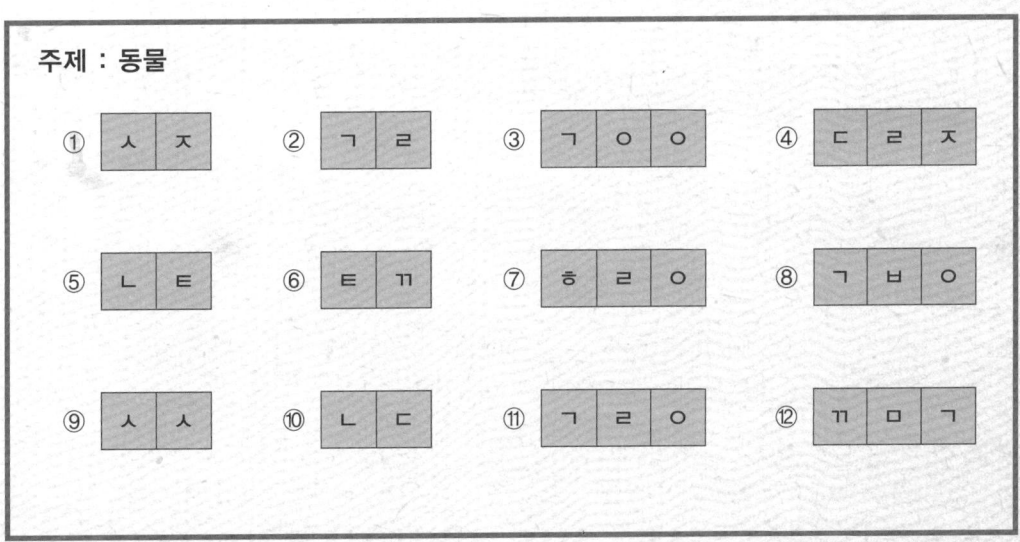

▶ 정답 p.79

6

【 오늘의 명언 】

안 하고 죽어도 좋은 일만 내일로 미뤄라.
- 파블로 피카소 -

_____ 년 ____ 월 ____ 일

우산, 대추, 8분음표, 막대사탕, 신발, 잭나이프, 고추, 밤, 고구마, 땅콩, 당근, 손전등, ☐ ☐

▶ 정답 p.74

【 오늘의 사자성어 】

種豆得豆 콩을 심으면 콩이 나오는 것처럼, 원
종 두 득 두 인에 따라 결과가 생긴다.

_____년 ___월 ___일

우주선, 야구글러브, 망치, 무궁화, 토끼, 아이스크림, 두더지, 소시지, 부메랑, 성냥개비, 비치볼, 오리, 종이배, ☐ ☐ ☐

▶ 정답 p.74

다른그림찾기 1

총 12개의 다른 부분을 찾아보세요.

▶ 정답 p.80

10

【 오늘의 명언 】

성격의 씨앗을 뿌리면 운명의 열매가 열린다.
- 나폴레옹 -

_____년 ___월 ___일

뒤집개, 낫, 슬리퍼, 여우, 자동차, 압정, 아이스크림, 물음표, 괭이, ☐ ☐

▶ 정답 p.74

_____ 년 ___월 ___일

【 오늘의 사자성어 】

不 恥 下 問　아랫사람에게 묻는 것을 부끄러워하
불　치　하　문　　지 않는다.

사과, 코끼리 상아, 지렁이, 펭귄, 아령, 올챙이, 오리, ☐ ☐

▶ 정답 p.74

가로

1) 일정한 시설을 갖추고 라디오나 텔레비전으로 방송을 내보내는 기관.
2) 다른 사람의 행위로 간접적으로 흡족함을 얻는 것.
3) 자기의 잘못을 인정하고 용서를 비는 것.
4) 귀에 걸면 ○○○, 코에 걸면 코걸이
6) 사람의 얼굴을 중심으로 그린 그림
8) 박치기로 유명한 프로레슬링 선수
9) 손뼉을 치며 크게 웃는 것.
10) 나쁜 꾀로 남을 속이는 것. 이것을 많이 하는 사람을 ○○꾼이라 함.
12) 방에 두고 오줌을 누는 그릇.
13) 날이 갈수록 새로워지는 것을 뜻하는 고사성어.
14) 글을 쓰거나 그림을 그리는 데 쓰는 얇은 물건
16) 2차 성징이 나타나는 등 신체 변화에 따라 감정 기복도 심해지는 시기.
17) 차와 과자를 아울러 이르는 말.
18) 산에 난 불.
21) 한국에 여행 온 중국인을 이르는 말.
22) 급하게 쓸 돈.
24) 비가 올 때 쓰는 도구.
26) 그림 그리는 것을 직업으로 하는 사람.

세로

2) 군대 계급 중의 하나로, 소령, 중령 다음의 계급.
3) 모든 일은 반드시 바른길로 돌아간다는 뜻의 사자성어.

5) 송사릿과의 민물고기.
6) 일정한 수나 한도 따위를 넘음.
7) 일상생활에 필요한 온갖 물건을 파는 가게 또는 장수.
8) 우리나라 성씨 중 제일 많은 성씨는 ○○○.
10) 쓸데없는 짓으로 도리어 잘못되게 함을 이르는 말.
11) 월요일 다음 날.
13) 날마다 겪은 일이나 생각, 느낌 따위를 적는 개인의 기록.
15) 군인의 집단.
16) 청량음료의 종류.
19) 씨 없는 수박을 만든 사람.
20) 지나침은 미치지 못함과 같다는 뜻의 사자성어.

23) 쓸데없는 걱정을 함.
25) 멀리 떨어져 있어도 서로 이야기할 수 있도록 만든 기계를 '○○기'라고 함.
27) 발에 신는 물건.
28) 휴식을 취하거나 건강을 위해서 천천히 걷는 일.

▶ 정답 p.78

알쏭달쏭 초성으로 맞춰요 2

주제 : 속담

① 같 ㅇ ㄱ ㅇ ㅁ ㄷ 홍 ㅊ ㅁ

② 누 ㅇ ㅅ ㅊ ㅂ 기

③ 발 ㅇ ㄴ ㅁ ㅇ 천 ㄹ ㄱ ㄷ

▶ 정답 p.79

14

【 오늘의 명언 】
시작하는 데 있어서 나쁜 시기란 없다.
- 카프카

_____년 ___월 ___일

모종삽, 운동모자, D형 건전지, 배구공, 은행잎, 프라이팬,
T자, 감, 복어, 식빵, 상어, 캥거루, ☐ ☐ ☐

▶ 정답 p.74

15

【 오늘의 사자성어 】

縁木求魚 도저히 불가능한 일을 억지로 하려
연 목 구 어 고 하다.

_____년 ____월 ____일

매미, 강낭콩, 우유갑, 양념 용기, 당근, 접시, 립스틱,
비녀, 챙모자, ☐ ☐ ☐

▶ 정답 p.74

다른그림찾기 2

총 14개의 다른 부분을 찾아보세요.

▶ 정답 p.80

【 오늘의 명언 】
기회는 누구에게나 있다.
다만 포착하지 못할 뿐이다.
- 카네기 -

____년 ___월 ___일

버선, 물고기, 은행잎, 연필, 스페이드, 털모자, 딸기, 주방 모자,

▶ 정답 p.74

19

【 오늘의 사자성어 】

口禍之門
구 화 지 문   입은 재앙을 불러들이는 문이 된다.

_____년 ___월 ___일

새총, 호미, 깔때기, 포크, 스페이드, 손목시계, 거북이, 매미, 압정, 곰, 럭비공, □□□□

▶ 정답 p.75

가로

1) 솔방울이 열리는 나무.
2) 술이나 잠에 몹시 취하여 정신을 차리지 못하는 모양.
3) 채소나 과일을 소스로 버무린 음식.
4) 우리나라 대중가요의 하나로 일본에서 들어온 음계를 사용한다.
6) 영남 지방에 있는 광역시.
8) 프로그램의 코드를 작성하는 일.
9) 만족스러운 듯이 슬쩍 한 번 웃는 모양.
11) 음식에 대해 특별한 기호를 가진 사람.
12) 폭력의 내용이 담긴 성질. 또는 폭력을 일으키게 하는 성질.
15) 허리와 엉덩이 부위가 아픈 증상.
16) 머리를 헹구는 세제로 샴푸의 성분을 중화한다.
18) 잘 쓰지 못한 글씨.
19) 코피노는 한국 남성과 ○○○ 여성 사이에 태어난 혼혈아를 말한다.
20) 여성이 입는 서양식 치마.
21) 압구정동에 있는 유명한 거리 이름.
23) 입의 맨 안쪽에 나는 작은 어금니.

세로

1) 작은 목소리로 가만가만 이야기하는 소리. 또는 그 모양.
3) 직장에 다니면서 틈틈이 공부하는 사람을 뜻하는 신조어.
5) 공연을 하기 위해 만든 단.
7) 턴테이블에 걸어 소리를 들을 수 있게 만든 동그란 판.
9) 크게 인기를 얻음.

10) 유럽과 미국을 아울러 이르는 말.
12) 화약을 공중에서 터트려서 소리와 불꽃이 나게 하는 물건.
13) 밥을 먹는 장소.
14) '경단녀'는 ○○단절녀의 줄임말이다.
15) 인도에서 전해오는 심신 단련법의 하나.
17) 사람의 목소리로 하는 음악.
19) 필기구를 넣는 통 또는 물건.
20) 자기 자신
22) 베끼어 씀.
24) 정확하게 한 부분이나 대상만을 겨냥한다는 뜻으로 영어에서 온 신조어.
25) '오빠'의 높임말.

▶ 정답 p.78

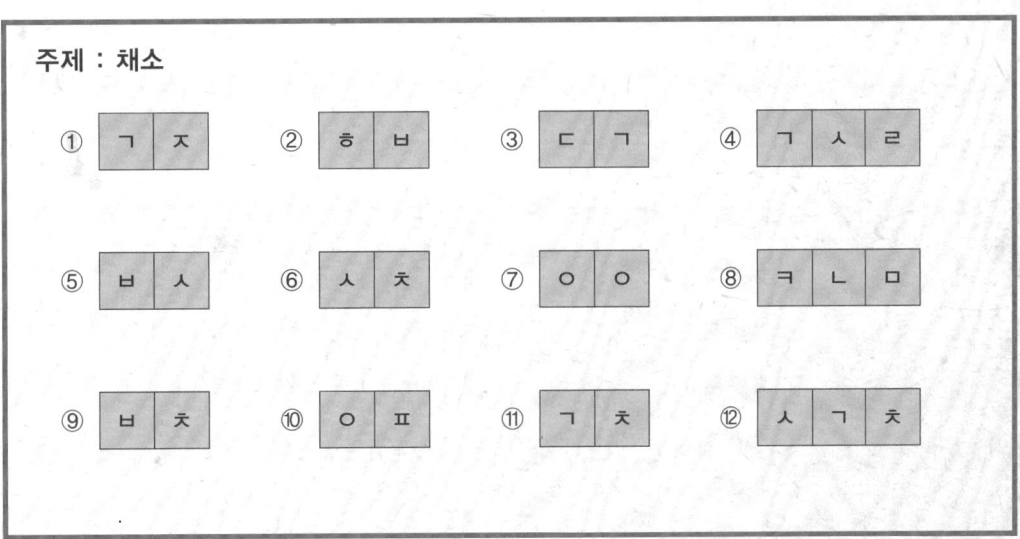

【 오늘의 명언 】

태양을 바라보고 살아라. 너의 그림자를 못 보리라.
- 헬렌 켈러 -

_____ 년 ___ 월 ___ 일

토끼, 불가사리, 프라이팬, 염소, 그릇, 두루마리 화장지, 소라, ☐ ☐

▶ 정답 p.75

23

【 오늘의 사자성어 】

吳越同舟　원수끼리라도 필요에 따라 서로 도
오 월 동 주　울 수 있다.

_____ 년 ___월 ___일

올챙이, 지렁이, 소라, 구두, 보트, 중절모, 운동모자,
갈매기, 8분음표, 포크, 독수리, ☐ ☐

▶ 정답 p.75

다른그림찾기 3

총 12개의 다른 부분을 찾아보세요.

▶ 정답 p.80

【 오늘의 명언 】

사랑은 지배하는 것이 아니라 자유를 주는 것이다.
- 에리히 프롬 -

_____ 년 ___ 월 ___ 일

옷걸이, 고추, 도토리, 사냥총, 달팽이, 제기, 윷,
팽이, 자물쇠, 줄자, 바나나, ☐ ☐ ☐

▶ 정답 p.75

27

【 오늘의 사자성어 】

刮目相對 눈을 비비고 다시 볼 정도로 학식이
괄 목 상 대 나 재주가 진전되다.

_____년 ___월 ___일

셔틀콕, 호미, 사냥총, 부채, 도토리, 가지, 장화, 돋보기, 못, □ □

▶ 정답 p.75

가로

1) 여행이나 관광 안내를 위한 책.
2) 감기를 치료하는 데 쓰는 약.
3) '숭례문'의 다른 이름으로, 서울 도성의 남쪽 정문이라는 뜻이다.
4) 햄, 소시지 따위를 재료로 하여 끓인 찌개로, 예전에 미군 부대에서 나온 고기로 찌개를 끓였던 데에서 유래한다.
8) 마음을 다잡지 아니하고 풀어 놓아버림.
10) 자신이 있다는 느낌.
11) 치료나 건강을 위해 온몸을 드러내고 햇빛을 쬠. 또는 그런 일.
14) 중국에서 만주 지방의 역사, 지리, 민족 문제 따위를 연구하는 국가적 연구 사업의 명칭으로, 우리 민족의 역사를 중국에 왜곡하는 것으로 문제가 됨.
15) 일을 하다가 잠깐 쉬면서 먹는 음식.
17) 쟁기를 부려 논밭을 가는 일.
18) 목소리가 좋은 사람을 일컬어 ○○○를 가졌다고 함.
19) 한 갈래.
22) 아무 일도 하지 않고 빈둥거리는 모양.

세로

5) 둥글고 짧은 나무의 한쪽 끝을 깎아서 심을 박아 만든 장난감을 채로 치는 일. 얼음 위에서 하는 민속놀이임.
6) 자세하지 않고 적당히 간단하게.
7) 약을 짓기 위해 약 이름과 분량을 적은 종이. 사후-○○○.
9) 새터민과 같은 말.
11) 집을 짓거나 먹이를 나르는 개미.

12) 순간적으로 강렬히 번쩍이는 빛.
13) 생기 있게 살아 움직이는 듯한 느낌.
16) 남에게 욕을 잘하는 사람.
18) 아주 맛이 단 참외.
20) 행성 둘레를 돌도록 로켓을 이용하여 쏘아 올린 인공의 장치. 우리나라 최초의 ○○○○은 '우리별1호'이다.
21) 갈피를 잡지 못하고 이리저리 헤매는 모양.

▶ 정답 p.78

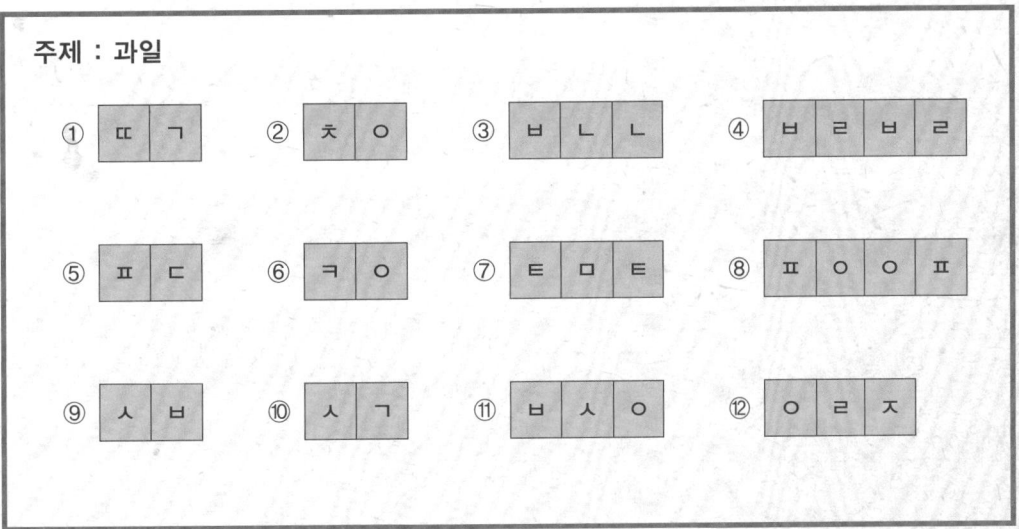

▶ 정답 p.79

【 오늘의 명언 】
걱정을 해서 걱정이 없어지면 걱정이 없겠네.
- 티베트 속담 -

_____ 년 ___월 ___일

바지, 레몬, 바나나, 밀짚모자, 알파벳 N, 숫자 2,
어선, 당근, 새, 부츠, ☐☐☐

▶ 정답 p.75

【 오늘의 사자성어 】

愚公移山　아무리 힘든 일이라도 끊임없이
우 공 이 산　노력하면 반드시 이루어진다.

_____년 ___월 ___일

은행잎, 커피잔, 고추, 밤, 불가사리, 가지, 나비,
도토리, 조개, 유리병, 올챙이, ☐ ☐ ☐

▶ 정답 p75

다른그림찾기 4

총 15개의 다른 부분을 찾아보세요.

▶ 정답 p.80

【 오늘의 명언 】
너는 왜 평범하게 노력하는가,
시시하게 살기를 원치 않으면서!
- 케네디 -

_____년 ___월 ___일

촛불, 조개, 부채, 태극문양, 젖병, 귤, 딸기, 구두칼, 하트,
물방개, 펜, 옷걸이, 부엌칼, □□□□

▶ 정답 p.75

35

_____년 ____월 ___일

【 오늘의 사자성어 】

開 卷 有 益 책을 펴서 읽으면 반드시 이로움이
개 권 유 익   있다.

농구공, 팽이, 독수리, 펜촉, 바나나, 일회용 면도기,
미꾸라지, 물고기, □ □

▶ 정답 p.75

가로

1) 사사로운 이익과 욕심.
2) 양치질을 아이들에게 얘기할 때 쓰는 말. 양치 소리를 이렇게 표현하기도 함.
3) 제주도의 옛 이름.
4) 개인 휴대용 전투 화기의 하나로 M16, K2 따위가 있다.
5) 내용이나 이유, 사용법 따위를 설명한 글.
9) 아이를 낳는 것을 말함.
11) 구기자 나무의 열매.
13) 여러 가지 품종의 국화를 전시하는 전람회.
14) 발로 디디어 곡식을 찧는 방아.
15) 사물의 정당한 조리. 또는 도리에 맞는 취지.
16) 조선 시대의 통치 기준이 된 최고의 법전.
18) 물고기 잡는 일을 업으로 하는 사람.
20) 살림을 하는 집 외에 경치 좋은 곳에 따로 지어놓고 때때로 묵으면서 쉬는 집.
21) 한 국가나 단체의 비밀이나 상황을 몰래 알아내어 경쟁 또는 대립 관계에 있는 국가나 단체에 제공하는 사람. 유의어로 '간자'가 있음.

세로

1) 늘 사고나 말썽을 일으키는 사람을 낮잡아 이르는 말.
3) 탐험을 내용으로 하는 소설.
6) 사진을 찍는 기계.
7) 보거나 들은 것을 오래 기억하는 힘이 있음. 썩 영리하고 재주가 있음.
8) 우리나라 고유의 발효 음식으로 배추를 고춧가루 등 양념에 버무린 음식.
10) 무엇을 얻거나 무슨 일을 하고자 바라는 일. 비슷한 말로 '욕심'이 있다.

12) 삼국 시대에 울릉도에 있던 나라로 512년에 신라에 멸망한 나라.
14) 디자인을 전문으로 하는 사람.
17) 청어과의 바닷물고기. 가을 ○○ 굽는 냄새에 집 나간 며느리가 다시 돌아온다.
19) 국이나 액체 따위를 뜨는 데 쓰는 기구.
20) 작전을 위하여 본대에서 따로 떨어져 나와 독자적으로 행동하는 부대.
22) 싸움이나 그 밖의 다른 일로 큰 혼란에 빠진 곳.
23) 궁수자리의 서쪽에 있는 'S' 자 모양의 별자리.

▶ 정답 p.78

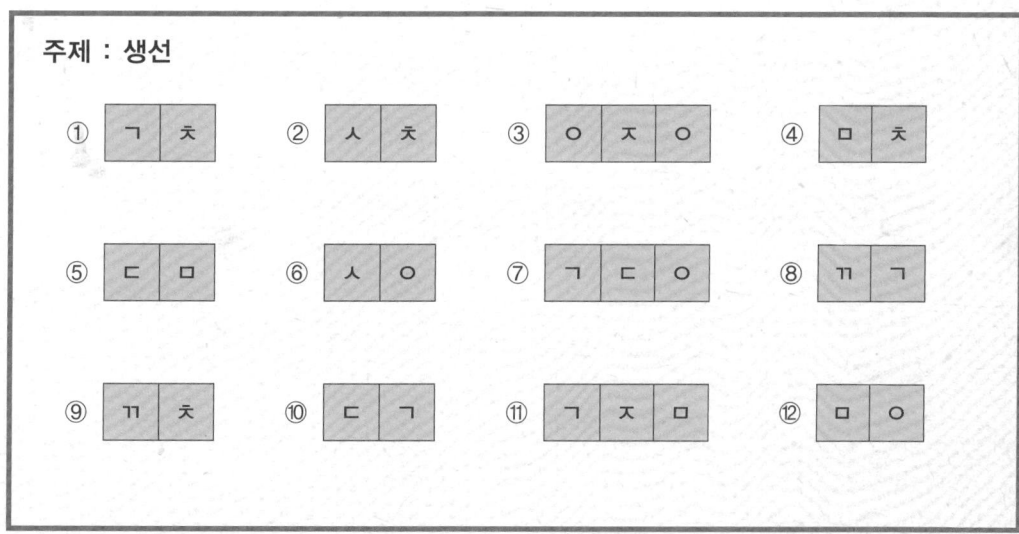

▶ 정답 p.79

【 오늘의 명언 】
꿈은 도망가지 않아.
도망가는 건 언제나 자기 자신이지.
- 짱구 아빠 -

_____ 년 ___ 월 ___ 일

티스푼, 물고기, 배구공, 숫자 3, 촛불, 두루미, 비행접시, 고추, 신발, ☐ ☐ ☐ ☐

▶ 정답 p.76

39

【 오늘의 사자성어 】

多岐亡羊 학문의 길이 여러 갈래라 참된 진리를 찾기 어렵다.
다 기 망 양

_____년 _____월 _____일

식빵, 드라이어, 배구공, 선글라스, 손전등, 버선, 머리빗, 챙모자, 권총, ☐ ☐

▶ 정답 p.76

다른그림찾기 5

총 15개의 다른 부분을 찾아보세요.

▶ 정답 p.80

【 오늘의 명언 】

사랑을 받는 것은 행복이 아니다.
사랑하는 것이야말로 행복이다.
- 헤르만 헤세 -

_____ 년 ___ 월 ___ 일

등산용 지팡이, 권총, 실타래, 잠자리, 다듬잇방망이, 바늘
안경, 조개, 콩나물, ☐ ☐ ☐

▶ 정답 p.76

【 오늘의 사자성어 】

巧言令色 교묘히 꾸며서 하는 말과 아첨하는
교 언 영 색 얼굴빛.

_____년 ___월 ___일

크레파스, 부메랑, 숫자 8, 숫자 3, 부엌칼, 올빼미, 사과, 장미꽃, 스포이트, 뼈다귀, 낫, 음료 캔, 바늘, □ □ □ □

▶ 정답 p.76

가로

1) 시원하고 가볍게 부는 바람.
2) 흙과 나무를 아울러 이르는 말.
3) 아프리카 동부에 있는 나라로 공식 국가명은 '우○○ 공화국'이다.
4) 초자연적 능력으로 괴이한 일을 행함. 또는 그런 술법.
5) 바로 지금 처음으로 들음. 그런 말은 ○○○○이다.
9) 일정한 인원을 뽑는 시험에서 합격권에 든 마지막 점수를 말하는 것으로, '합격선'이라고도 함.
11) 14~16세기에 이탈리아를 중심으로 유럽에서 일어난 문화 혁신 운동. 부활, 재생이란 뜻의 프랑스어에서 유래함.
13) 면전에서 꾸짖거나 나무람.
14) 등지느러미 앞부분이 톱날처럼 가시를 이루는 민물고기.
15) 기체 물질을 통틀어 이르는 말.
16) 한국 최초의 천주교 본당이자 천주교를 대변하는 성당으로 서울시 중구에 소재하고 있다.
18) 입상을 기념하기 위해 수여하는 컵.
20) 개인의 권리와 관련된 법규를 통틀어 이르는 말.

세로

1) 음료 CF 촬영으로 유명해진 그리스의 섬으로 하얀 건물과 파란 지붕이 특징적이다.
3) 우편물에 대한 요금.
6) 들머리의 같은 말.
7) 십이시(十二時)의 열한 번째 시로, 유시(酉時)와 해시(亥時) 사이의 시간을 말한다.
8) 호주 출신의 여자 모델로 한국에서는 '미란이'라는 애칭으로 사랑을 받고 있다.
10) 국제적으로 중요한 습지를 보호하기 위한 국제 협약을 ○○○ 협약이라고 한다.
12) 면을 증기로 익히고 기름에 튀겨서 말린 즉석식품. 신○○, 진○○.

15) 아름다운 사람은 불행하거나 병약하여 요절하는 일이 많다는 뜻의 사자성어.

17) 현대인이 항상 안고 살아간다는 것으로, 만병의 근원이라고도 함.

19) 마음속으로 괴로워하고 애를 태움.

21) 기교와 방법을 아울러 이르는 말.

22) 작고 단단한 물건이 잇따라 물에 떨어지거나 빠질 때 가볍게 나는 소리.

▶ 정답 p.78

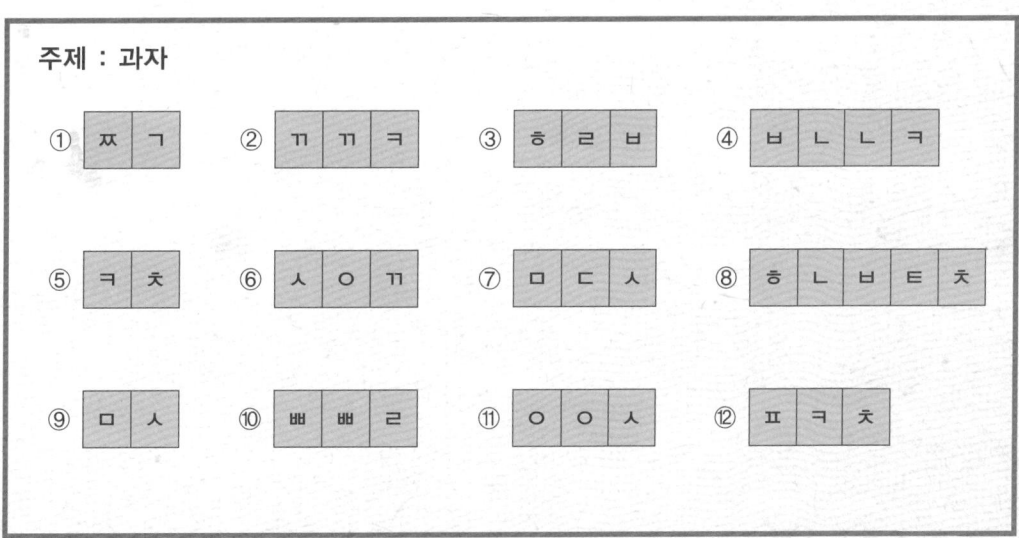

▶ 정답 p.79

【 오늘의 명언 】
산을 움직이는 자는
작은 돌을 들어내는 일로 시작한다.
- 공자 -

_____년 _____월 _____일

열대어, 낫, 돋보기, 강낭콩, 망치, 산타 모자, 부츠, 새, 책, 건전지, 막대사탕, ☐ ☐

▶ 정답 p.76

47

【 오늘의 사자성어 】

老馬之智 연륜이 깊으면 나름대로의 장점과
노 마 지 지 특기가 있다.

_____년 ___월 ___일

치아, 체리, 8분음표, 고추, 은행잎, 조개, 갈매기, 대추, 장화, 어항, 소라, ☐ ☐ ☐

▶ 정답 p.76

다른그림찾기 6

총 15개의 다른 부분을 찾아보세요.

▶ 정답 p.80

【 오늘의 명언 】
과거를 기억 못 하는 이들은
과거를 반복하기 마련이다.
- 조지 산타야나 -

_____ 년 ___ 월 ___ 일

달팽이, 물고기, 뚫어뻥, 무당벌레, 나비, 칫솔, 깔때기, 알파벳 Y, 크레파스, ☐ ☐ ☐

▶ 정답 p.76

51

【 오늘의 사자성어 】

指鹿爲馬 간사한 꾀로 윗사람을 농락하여 권
지 록 위 마 세를 마음대로 휘두르다.

_____년 ___월 ___일

잠자리, 강아지, 도토리, 화살표, 숫자 6, 티셔츠, 소라, 칵테일 잔,
사과, 열쇠, 코끼리, 벙어리장갑, ☐ ☐ ☐

▶ 정답 p.76

가로

1) 얼굴을 알아보지 못하도록 얼굴 전부 또는 일부를 가림. 또는 그렇게 하는 물건.
2) 생활필수품과 같은 말. 일상생활에 반드시 있어야 할 물품.
3) 남의 아내를 높여 이르는 말.
4) 죄인의 발목에 채우던 쇠사슬.
6) 장이나 길거리를 돌아다니며 장타령을 부르던 동냥아치.
8) 소방에 관한 업무를 맡아보는 일선 소방 기관.
9) 술을 만들어 도매하는 집. 술도가와 같은 말.
10) 시간이 지날수록 하는 짓이나 몰골이 더욱 꼴불견임을 비유적으로 이르는 말.
12) 다리의 윤곽을 나타내는 선.
14) 원숭이해에 태어난 사람의 띠.
16) 경망스럽고 야단스러운 말이나 행동.
17) 어떤 지역의 가장자리가 되는 곳.
18) 시집《나 하늘로 돌아가리라》의 시인.
20) '홍인지문'의 다른 말.
22) 군사상의 공적.
23) 조개의 살 속에 생기는 딱딱한 덩어리로 장신구로 쓰이는 것.
24) 편지와 같은 말.

세로

1) 정학이나 휴학을 하고 있다가 다시 학교에 복귀한 학생.
3) 필요한 양이나 기준에 미치지 못해 충분하지 아니함.
5) 재료를 새기거나 깎아서 입체 형상을 만듦.
7) 인쇄 설비를 갖추고 인쇄를 하는 곳.

9) 양품을 전문적으로 파는 가게.
11) '새벽 안개 헤치며 달려가는 첫차에 몸을 싣고.'로 시작하는 노래로 유명한 가수.
12) 글을 쓸 때, 본문 중 일부의 뜻을 보충하기 위해 아래쪽에 따로 단 글.
13) 입학을 청원하는 문서.
15) 배의 항해와 배 안의 사무를 책임지고 선원을 통솔하는 최고 책임자.
16) 호주를 중심으로 그 집에 속하는 사람의 본적지, 성명, 생년월일 따위를 기록한 공문서.
17) 다르게 바꾸어 새롭게 고침.
18) 열이 나고 온몸에 발진이 생기는 악성 전염병. 지석영 선생이 이것을 치료하기 위해 서양의 종두법을 배워왔다.
19) 띠가 같은 사람으로 주로 12살 차이가 나는 경우를 이른다.
21) 공항의 여객을 나르는 버스.
25) 왕비가 낳은 임금의 딸.
26) 어떤 일에 전문적인 지식이 없는 사람. 직접 관계가 없는 사람을 일컫기도 한다.

▶ 정답 p.78

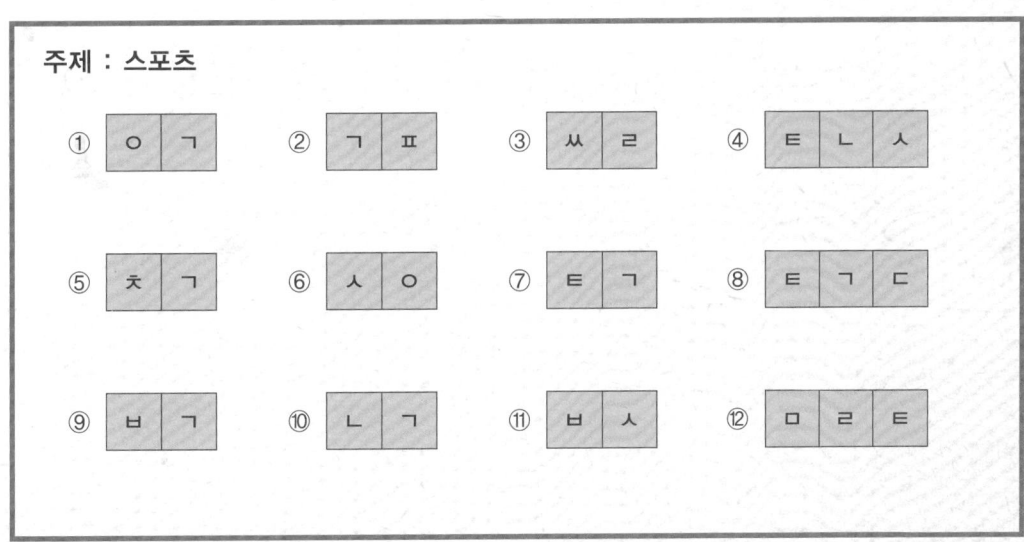

▶ 정답 p.79

54

【 오늘의 명언 】
세상에서 이루고 싶은 변화의 주체는
바로 자신이어야 한다.
- 마하트마 간디 -

_____년 _____월 _____일

열대어, 펜, 빨랫방망이, 모기, 거북이, 눈사람, 권총, 유리병, 장도리,
냄비, 머그잔, 드링크 병, ☐☐☐

▶ 정답 p.76

55

【 오늘의 사자성어 】

肝膽相照 속내를 드러내고 친하게 지내다.
간 담 상 조

_____년 ___월 ___일

깔때기, 새, 딸기, 우유갑, 물음표, 가지, 호루라기, 양말, 북채,
마이크, 숫자 3, ☐ ☐ ☐ ☐

▶ 정답 p.77

다른그림찾기 7

총 13개의 다른 부분을 찾아보세요.

▶ 정답 p.80

【 오늘의 명언 】
노력을 이기는 재능은 없고
노력을 외면하는 결과도 없다.
- 이창호 9단 -

_____년 ___월 ___일

붓, 편지봉투, 낫, 부엌칼, 8분음표, 운동모자, 눈사람, 벙어리장갑, 썬캡, ☐ ☐

▶ 정답 p.77

59

【 오늘의 사자성어 】

宋襄之仁
송 양 지 인

쓸데없는 아량을 베풀어 실속이 없다.

_____년 ___월 ___일

가위, 난 화분, 펭귄, 화살표, 전기스탠드, 버섯, 달팽이, 마이크, ☐ ☐

▶ 정답 p.77

가로

1) 1592년에 일본이 침입한 전쟁.
2) 여러 가지 자질구레한 티. 또는 그런 흠.
4) 아직 경험하지 아니함.
5) 경치를 아름답게 꾸밈.
6) 모든 사물의 이치.
7) 반죽한 밀가루를 구워내어 그 속에 크림을 넣어 만든 빵.
10) 어려움과 쉬움의 정도.
12) 농작물이 병과 해충으로 인해 입은 피해.
14) 일본강점기, 아우내 장터에서 '대한 독립 만세'를 외치다 왜경에 체포되어 옥중에서 순국한 여성.
17) 도매와 산매를 아울러 이르는 말.
18) 같은 민족끼리 서로 다투고 싸움.
20) 가톨릭 대교구를 주관하는 직위. 또는 그 직위에 있는 사람.
22) 날짐승이나 물고기 따위를 잡기 위한 도구로 실이나 노끈 따위로 구멍 나게 엮은 것.
24) 승려가 자신의 스승을 이르는 말.

세로

1) 근로자가 노동의 대가로 사용자에게 받는 보수.
3) 재미나 멋이 없이 메마름.
6) 물기가 있는 축축한 휴지.
8) 왜가릿과의 새.
9) 험하여 고생스럽다.
11) 어떤 지역에 퍼져 여러 사람이 잇따라 돌아가며 옮는 병.
13) 남에게 돈을 빌려 쓴 대가로 치르는 일정한 비율의 돈.

15) 계약을 위해 일정한 형식으로 미리 마련한 계약의 내용. 보험 ○○.
16) 많은 섬이 있는 해역을 이르는 말. 전라남도 여수 바다에는 ○○○ 해상국립공원이 있다.
19) 돼지의 창자 속에 돼지의 피를 비롯한 여러 재료를 넣어 만든 음식.
21) 심신의 안녕과 행복을 추구하는 무리. 또는 그런 사람.
23) 매스 커뮤니케이션의 줄임말로 '대중에게 많은 정보를 전달하는 일 또는 기관'을 의미함.
25) 돈으로 매매하지 않고 직접 물건과 물건을 바꾸는 일.

▶ 정답 p.78

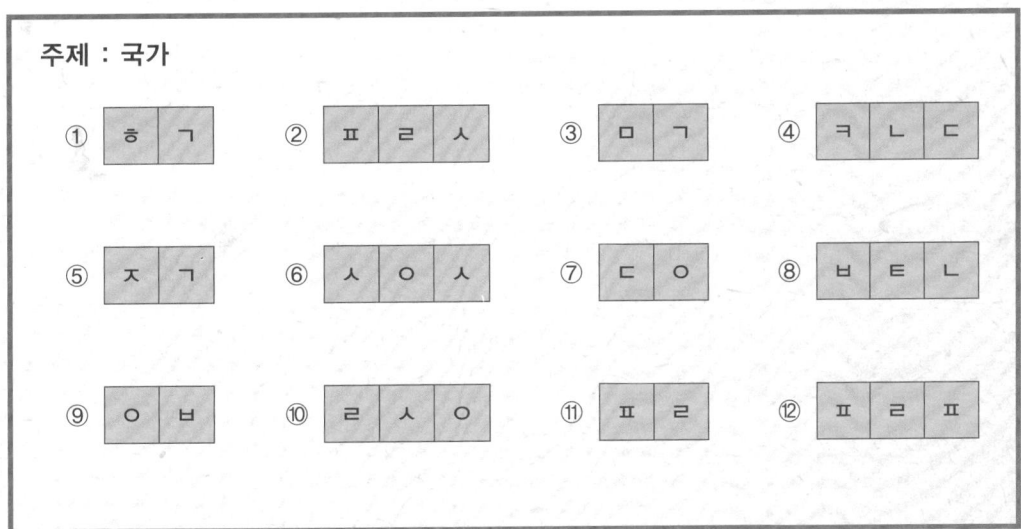

▶ 정답 p.79

【 오늘의 명언 】

성공한 사람이 되려 하지 말고
가치 있는 사람이 되려고 하라.
- 아인슈타인 -

_____년 ____월 ____일

장도리, 고양이, 나비, 두루마리 화장지, 염소, 돼지, 새, 깔때기,
책, 느낌표, 알파벳 B, ☐

▶ 정답 p.77

【 오늘의 사자성어 】

邯鄲之步 자기 본분을 잊고 억지로 남을 따라
한 단 지 보 하면 실패한다.

_____년 ___월 ___일

우산, 음료 캔, 주사위, 신발, 삼각자, 장갑, 사람 얼굴, 럭비공,
종이컵, 빗자루, 트라이앵글, □ □ □

▶ 정답 p.77

다른그림찾기 8

총 14개의 다른 부분을 찾아보세요.

▶ 정답 p.80

【 오늘의 명언 】

누구에게나 친구는 어느 누구에게도 친구가 아니다.
- 아리스토텔레스 -

_____년 ___월 ___일

절구통, 낚싯바늘, 눈사람, 숫자 2, 안경, 버섯, 셔틀콕, 돛단배, 숫자 8,
불가사리, 마이크, 고깔모자, 볼링핀, 못, 여우, ☐ ☐

▶ 정답 p.77

【 오늘의 사자성어 】

群盲撫象 사물을 좁은 소견과 주관으로 잘못
군 맹 무 상   판단한다.

_____년 ___월 ___일

셔틀콕, 페인트 붓, 당근, 기린, 아령, 소라,
편지봉투, 깔때기, ☐ ☐ ☐

▶ 정답 p.77

가로

1) 고구려 제2대 왕.
2) 물을 긷기 위해 땅을 파서 지하수를 괴게 한 곳.
3) 예전에 나랏일을 처리하던 곳.
4) 태양에서 셋째로 가까운 행성으로 인류가 산다.
5) 아첨하는 말과 알랑거리는 태도를 뜻하는 사자성어.
7) 호는 '소파'로 어린이날을 제정한 위인.
10) 말이나 태도, 행동의 이유나 근거 따위가 부족한 것을 ○○○○고 한다.
12) 밭에서 기르는 농작물. 주로 그 잎이나 줄기, 열매 따위를 식용함.
14) 익히지 않은 채소나 과일 따위를 짜낸 즙.
15) 아는 것이나 모르는 것이나 다 모른다고 잡아떼는 것.
17) 아니 땐 굴뚝에 ○○ 날까.
18) 그럭저럭 세월을 보내기 위해 심심풀이로 하는 일.
20) 유인원의 하나로 영화 혹성탈출의 주인공으로 나오는 동물.
22) 조선 시대 이중환이 지은 우리나라의 지리서.
24) 죽은 사람의 머리뼈.

세로

1) 유성이 비처럼 쏟아지는 현상.
3) 관중과 포숙의 사귐이란 뜻으로 우정이 아주 돈독한 친구 관계를 이르는 말.
6) 떨어지는 물의 힘으로 바퀴를 돌려 곡식을 찧는 기구.
8) 구차스러운 말.
9) 임금이 거처하는 궁전.

11) 빛깔과 같은 말.
13) 죽은 사람이 다시 태어남.
15) 일이나 사건 따위를 해결할 수 있는 방법이나 실마리를 더듬어 찾음.
16) 억울한 일이나 잘못된 일, 딱한 사정 따위를 간곡히 호소함.
18) '탄산나트륨'을 일상적으로 이르는 말.
19) 목감기의 주된 증상.
21) 자물쇠를 잠그거나 여는 데 사용하는 물건.
23) 대륙과 대륙 사이에 낀 바다.
25) 은백색의 광택이 있는 알칼리 금속 원소의 하나. 동전 모양의 ○○ 건전지를 잘못 삼켜 인명 사고가 빈번하다.
26) 판지 사이에 물결 모양으로 골이 진 종이를 붙인 판지.

▶ 정답 p.78

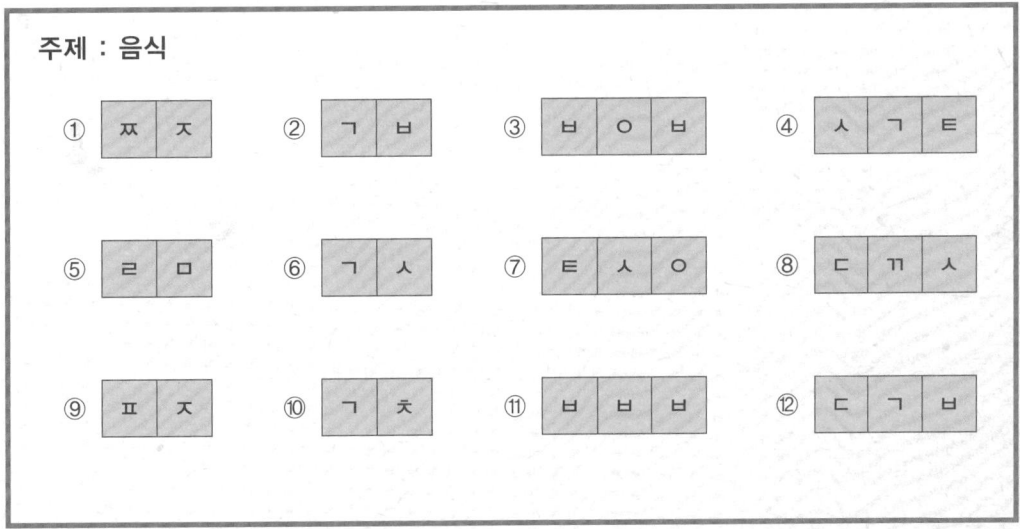

▶ 정답 p.79

【 오늘의 명언 】
이 세상에 태어나 우리가 경험하는 가장 멋진 일은
가족의 사랑을 배우는 것이다.
- 조지 맥도날드 -

____년 ____월 ____일

보트, 하트, 밤, 반바지, 주방 모자, 장도리, 양말, 튜브, 성냥개비,
압정, 화살표, 새, ☐ ☐

▶ 정답 p.77

【 오늘의 사자성어 】

囊中之錐　유능한 사람은 숨어 있어도 그 존재
낭 중 지 추　가 언젠가 드러난다.

_____년 ___월 ___일

국자, 촛불, 고추, 8분음표, 다슬기, 머그잔,
잭나이프, 부츠, □ □

▶ 정답 p.77

다른그림찾기 9

총 13개의 다른 부분을 찾아보세요.

▶ 정답 p.80

숨은그림찾기 정답

p.2

클로버, 면봉, 바지, 사다리,
운동모자, 프라이팬, 신발, 하트

p.3

독수리, 부츠, 촛불, 보트, 골프채,
펼쳐진 책, 펜촉, 알파벳 D, 강아지,
안경, 트라이앵글, 냄비, 주사위

p.6

우산, 대추, 8분음표, 막대사탕,
신발, 잭나이프, 고추, 밤, 고구마,
땅콩, 당근, 손전등, 버섯

p.7

우주선, 야구글러브, 망치, 무궁화, 토끼,
아이스크림, 두더지, 소시지, 부메랑,
성냥개비, 비치볼, 오리, 종이배, 모종삽

p.10

뒤집개, 낫, 슬리퍼, 여우, 자동차, 압정,
아이스크림, 물음표, 팽이, 양말

p.11

사과, 코끼리 상아, 지렁이, 펭귄, 아령,
올챙이, 오리, 포크

p.14

모종삽, 운동모자, D형 건전지, 배구공,
은행잎, 프라이팬, T자, 감, 복어, 식빵,
상어, 캥거루, 농구공

p.15

매미, 강낭콩, 우유갑, 양념 용기, 당근,
접시, 립스틱, 비녀, 챙모자, 바나나

p.18

버선, 물고기, 은행잎, 연필, 스페이드,
털모자, 딸기, 주방 모자, 땅콩

p.19

새총, 호미, 깔때기, 포크, 스페이드,
손목시계, 거북이, 매미, 압정, 곰,
럭비공, 호 루 라 기

p.22

토끼, 불가사리, 프라이팬, 염소, 그릇,
두루마리 화장지, 소라, 매 미

p.23

올챙이, 지렁이, 소라, 구두, 보트,
중절모, 운동모자, 갈매기, 8분음표,
포크, 독수리, 우 산

p.26

옷걸이, 고추, 도토리, 사냥총, 달팽이,
제기, 율, 팽이, 자물쇠, 줄자, 바나나,
은 행 잎

p.27

셔틀콕, 호미, 사냥총, 부채, 도토리,
가지, 장화, 돋보기, 못, 새 총

p.30

바지, 레몬, 바나나, 밀짚모자,
알파벳 N, 숫자 2, 어선, 당근, 새,
부츠, 우 유 갑

p.31

은행잎, 커피잔, 고추, 밤, 불가사리,
가지, 나비, 도토리, 조개, 유리병,
올챙이, 고 구 마

p.34

촛불, 조개, 부채, 태극문양, 젖병, 귤,
딸기, 구두칼, 하트, 물방개, 펜, 옷걸이,
부엌칼, 성 냥 개 비

p.35

농구공, 팽이, 독수리, 펜촉, 바나나,
일회용 면도기, 미꾸라지, 물고기,
튜 브

p.38

티스푼, 물고기, 배구공, 숫자 3, 촛불,
두루미, 비행접시, 고추, 신발,
낚시바늘

p.39

식빵, 드라이어, 배구공, 선글라스,
손전등, 버선, 머리빗, 챙모자, 권총,
장화

p.42

등산용 지팡이, 권총, 실타래, 잠자리,
다듬잇방망이, 바늘, 안경, 조개, 콩나물,
자동차

p.43

크레파스, 부메랑, 숫자 8, 숫자 3,
부엌칼, 올빼미, 사과, 장미꽃, 스포이트,
뼈다귀, 낫, 음료 캔, 바늘, 편지봉투

p.46

열대어, 낫, 돋보기, 강낭콩, 망치,
산타 모자, 부츠, 새, 책, 건전지,
막대사탕, 만두

p.47

치아, 체리, 8분음표, 고추, 은행잎,
조개, 갈매기, 대추, 장화, 어항,
소라, 지팡이

p.50

달팽이, 물고기, 뚫어뻥, 무당벌레, 나비,
칫솔, 갈때기, 알파벳 Y, 크레파스,
나팔꽃

p.51

잠자리, 강아지, 도토리, 화살표,
숫자 6, 티셔츠, 소라, 칵테일 잔, 사과,
열쇠, 코끼리, 벙어리장갑, 갈매기

p.54

열대어, 펜, 빨랫방망이, 모기, 거북이, 눈
사람, 권총, 유리병, 장도리, 냄비, 머
그잔, 드링크 병, 소시지

p.55

깔때기, 새, 딸기, 우유갑, 물음표, 가지, 호루라기, 양말, 북채, 마이크, 숫자 3, 스페이드

p.58

붓, 편지봉투, 낫, 부엌칼, 8분음표, 운동모자, 눈사람, 벙어리장갑, 선캡, 촛불

p.59

가위, 난 화분, 펭귄, 화살표, 전기스탠드, 버섯, 달팽이, 마이크, 열쇠

p.62

장도리, 고양이, 나비, 두루마리 화장지, 염소, 돼지, 새, 깔때기, 책, 느낌표, 알파벳 B, 갓

p.63

우산, 음료 캔, 주사위, 신발, 삼각자, 장갑, 사람 얼굴, 럭비공, 종이컵, 빗자루, 트라이앵글, 손전등

p.66

절구통, 낚싯바늘, 눈사람, 숫자 2, 안경, 버섯, 셔틀콕, 돛단배, 숫자 8, 불가사리, 마이크, 고깔모자, 볼링핀, 못, 여우, 버선

p.67

셔틀콕, 페인트 붓, 당근, 기린, 아령, 소라, 편지봉투, 깔때기, 장미꽃

p.70

보트, 하트, 밤, 반바지, 주방 모자, 장도리, 양말, 튜브, 성냥개비, 압정, 화살표, 새, 사탕

p.71

국자, 촛불, 고추, 8분음표, 다슬기, 머그잔, 잭나이프, 부츠, 망치

낱말퍼즐 정답

❶ p.4

가	격	대	성	능	비		강	변
	투			일	반	화		
반	기	문		냄	비	도	구	
성		익	명		재		령	
	서	점		샷		옹	알	이
인	류		처	갓	집		파	
공		발	음		중	간	고	사
심	청	전		콧			모	
장		소	탐	대	실		손	님

❷ p.12

방	송	국		일	신	우	일	신
	사		사	기		장		발
대	리	만	족		사	춘	기	
령		물		종	이	우	산	
	초	상	화		다	과		책
사	과		요	강		유	커	
필		김	일	산	불			
귀	걸	이		군	급	전		
정		박	장	대	소		화	가

❸ p.20

소	나	무			필	리	핀	
곤		대	구		요	통		포
소		미	식	가		당		인
곤	드	레		스	커	트		
	코	딩		린	스			
샐	러 드		경		로	데	오
러			폭	력	성		라	
던		히	죽		악	필	버	
트	로	트			사	랑	니	

❹ p.28

	팽		탈		생		인	
가	이	드	북		동	북	공	정
	치		자	신	감		위	
감	기	약			꿀	성	대	
		방	심		새	참		
남	대	문		섬		외	갈	래
	강		일	광	욕		팡	
부	대	찌	개		쟁	기	질	
	강		미	이		팡	팡	

❺ p.36

사	리	사	욕		디	딜	방	아
고			구	기	자		수	
뭉		김		이	치		라	
치	카	치	카		너	별	장	
	메					동		
탐	라		우		경	국	대	전
험		출	산			자		갈
소	총		국	화	전		첩	자
설	명	서			어	부		리

❻ p.44

산	들	바	람		가	시	고	기
토	목		사			민	법	
리		르	네	상	스			
니		미		트	로	피		
		란			레			풍
우	간	다		가	스			당
편	커	트	라	인				
요	술		면	박				풍
금	시	초	문		명	동	성	당

❼ p.52

복	면		각	선		천	상	병
학		양	주	장		연		
생	필	품		변	두	리		
		점	입	가	경		무	공
부	인		학			진	주	
족	쇄		원	숭	이	띠		
	소	방	서			동	대	문
조		실		호	들	갑		외
각	설	이		적			서	한

❽ p.60

임	진	왜	란		약		그	물
	금		가		유	관	순	물
		물	리			대	주	교
잡	티		돌		다			환
	슈	크	림		도	산	매	
무			병	충	해		스	님
미	경	험				웰	컴	
건		난	이	도		빙		
조	경		자		민	족	상	잔

❾ p.68

유	리	왕			소	일	거	리
성		궁	색	하	다			튬
우	물		채	소				
	레		연	기				
	방	정	환			침	팬	지
관	아		생	즙			중	
포				열		해	골	
지	구		모	르	쇠			판
교	언	영	색			택	리	지

발송달송 초성으로 말해요 정답

❶ 동물 p.5
① 사자 ② 기린 ③ 고양이 ④ 다람쥐
⑤ 낙타 ⑥ 토끼 ⑦ 호랑이 ⑧ 거북이
⑨ 사슴 ⑩ 늑대 ⑪ 구렁이 ⑫ 까마귀

❷ 속담 p.13
① 같은 값이면 다홍치마
② 누워서 침 뱉기
③ 발 없는 말이 천리 간다

❸ 채소 p.21
① 감자 ② 호박 ③ 당근 ④ 고사리
   가지
⑤ 버섯 ⑥ 상추 ⑦ 오이 ⑧ 콩나물
          우엉
⑨ 배추 ⑩ 양파 ⑪ 고추 ⑫ 시금치

❹ 과일 p.29
① 딸기 ② 참외 ③ 바나나 ④ 블루베리
⑤ 포도 ⑥ 키위 ⑦ 토마토 ⑧ 파인애플
⑨ 수박 ⑩ 사과 ⑪ 복숭아 ⑫ 오렌지

❺ 생선 p.37
① 갈치 ② 삼치 ③ 오징어 ④ 멸치
⑤ 도미 ⑥ 새우 ⑦ 고등어 ⑧ 꽃게
⑨ 꽁치 ⑩ 대구 ⑪ 가자미 ⑫ 문어

❻ 스포츠 p.45
① 야구 ② 골프 ③ 씨름 ④ 테니스
⑤ 축구 ⑥ 수영 ⑦ 탁구 ⑧ 태권도
⑨ 배구 ⑩ 농구 ⑪ 복싱 ⑫ 마라톤

❼ 과자 p.53
① 짱구 ② 꼬깔콘 ③ 홈런볼 ④ 바나나킥
⑤ 칸쵸 ⑥ 새우깡 ⑦ 맛동산 ⑧ 허니버터칩
⑨ 몽쉘 ⑩ 빼빼로 ⑪ 에이스 ⑫ 포카칩

❽ 국가 p.61
① 한국 ② 프랑스 ③ 미국 ④ 캐나다
⑤ 중국 ⑥ 스위스 ⑦ 독일 ⑧ 베트남
⑨ 일본 ⑩ 러시아 ⑪ 페루 ⑫ 필리핀

❾ 음식 p.69
① 짜장 ② 김밥 ③ 볶음밥 ④ 삼계탕
⑤ 라면 ⑥ 국수 ⑦ 탕수육 ⑧ 돈까스
⑨ 피자 ⑩ 김치 ⑪ 비빔밥 ⑫ 닭갈비

* 위의 정답은 제시된 초성으로 시작하는 대표적 단어로, 다른 단어도 답이 될 수 있습니다.

다른그림찾기 정답

❶ p.8

❷ p.16

❸ p.24

❹ p.32

❺ p.40

❻ p.48

❼ p.56

❽ p.64

❾ p.72